TAROT DES RUNES

Intuitives
ÉDITIONS

TAROT DES RUNES

Concept de Jack Sephiroth et Allen Dempster
Maquette et design de Jack Sephiroth
Texte de Jaymi Elford

Maquette et mise en pages : PCA CMB

Titre original : *Runik Tarot*
Publié pour la première fois par Lo Scarabeo.

Traduit de l'anglais par Marie-Noëlle Pichard

ISBN : 978-2-38297-032-4

www.editions-tredaniel.com
info@guytredaniel.fr
www.facebook.com/editions.tredaniel
@ tredaniel_eso

SOMMAIRE

INTRODUCTION

Le *Tarot des runes* combine deux systèmes divinatoires dans un seul jeu de cartes. Les deux systèmes sont des instruments fantastiques vous permettant de mieux comprendre votre vie. Un jeu de tarot standard comporte 78 cartes divisées entre arcanes majeurs et arcanes mineurs. Les vingt-deux cartes des arcanes majeurs décrivent des archétypes communs à toutes les cultures. Dans le *Tarot des runes*, elles sont numérotées en chiffres romains de 0 à XXI.

Les 56 autres cartes, les arcanes mineurs, sont composées de quatre suites ayant chacune leur propre symbole : Coupes, Pentacles, Bâtons et Épées. Dans le *Tarot des runes*, il s'agit des Cornes (Coupes), Boucliers (Pentacles), Bâtons et Épées. Chaque suite des arcanes mineurs est associée à l'un des quatre éléments, Eau, Terre, Feu et Air. Chacune de ces suites comprend aussi quatre cartes de Cour qui sont, dans le *Tarot des runes*, les Valets, les Cavaliers, les Reines et les Rois.

À PROPOS DES RUNES

Les runes sont les symboles qui composent l'alphabet magique utilisé par les anciens peuples germaniques et vikings (voir pages 122-124). Ce jeu inclut trois groupes de runes. Les runes nordiques originales figurent sur les cartes d'arcanes majeurs (avec quelques exceptions comme les Amoureux ou la Lune). Des symboles apparaissent aussi sur les arcanes mineurs, ils sont empruntés à différents alphabets runiques (par exemple, les runes des cartes d'Épées proviennent du futhark anglo-saxon, alors que celles des Pentacles sont empruntées au futhark récent). Enfin, les cartes de cour ne comportent qu'une seule rune liée (un symbole composé de plusieurs runes associées dans un but particulier).

Ces signes ont été utilisés pour communiquer, enseigner, pratiquer la magie et à des fins divinatoires. Les cultures nordiques inscrivaient les runes sur des pierres, du bois ou des os. Aujourd'hui, les artistes utilisent toutes sortes de supports, papier, gemmes, cailloux ou argile. Certains cartomanciens aiment associer le tirage des runes à d'autres systèmes divinatoires. Le *Tarot des runes* s'inscrit dans cette tradition.

UTILISER LES CARTES

Les instruments de divination comme le tarot et les runes vous aident à éclairer certains aspects de votre vie. Ces cartes ne permettent pas seulement de répondre à des questions, elles sont aussi des auxiliaires de méditation, elles stimulent la créativité et ont quantité d'autres usages. Cela étant, ce livret se propose principalement de vous initier au potentiel divinatoire de ces cartes.

Comprendre les informations révélées par le tarot et les runes demande un certain temps et de la pratique. Le *Tarot des runes* contient de nombreuses strates de signification. Commencez par lire l'histoire sur la carte, puis voyez les mots-clés et les concepts principaux.

Quand vous vous sentez prêt à faire votre première lecture, pensez à ce que vous voulez demander. Pour interroger le tarot, posez plutôt des questions ouvertes – de celles qui commencent par qui, quoi, où, quand, comment. Prenez le temps de réfléchir à ce qui se passe dans votre vie. Après tout, vous faites appel au tarot pour un avis. Une interrogation bien formulée aide à obtenir des informations précises. Des questions comme « Que changer pour attirer l'amour dans ma vie ? » ou « Que puis-je faire pour être plus créatif ? » donneront de meilleurs résultats que « Qui vais-je épouser ? » ou « Est-ce que j'obtiendrai ce travail ? »

Quand vous avez une bonne question, prenez les cartes en main et mélangez-les. Ce faisant, gardez constamment votre question présente à l'esprit. Vous concentrer dessus pendant cette opération vous permet de vous focaliser sur ce que vous demandez. Vous orientez ainsi inconsciemment le choix des cartes pour votre réponse. Quand vous sentez que le jeu est bien mélangé, arrêtez-vous.

Pour leurs tirages, beaucoup de lecteurs disposent les cartes de manière particulière. Il existe toutes sortes de tirages et autant de méthodes et de dispositions, originales ou traditionnelles. Certains n'ont qu'une seule carte, d'autres se font avec les 78.

Quand vous avez fini d'utiliser les cartes, remettez-les dans le jeu et mélangez-les à nouveau. Ainsi, tout sera prêt pour votre prochaine lecture.

LA MAGIE EN ACTION

La divination ne « prédit pas l'avenir », mais permet plutôt d'accéder à un moment de lucidité qui éclaire notre monde intérieur et notre approche de la vie. Souvent, cette lucidité apporte des solutions et des réponses qui nous incitent à agir. Voilà pourquoi le tarot concerne l'autonomisation. Et plus encore le *Tarot des runes*, puisque les runes qui y sont intégrées ajoutent une touche de magie qui leur est propre.

Pour utiliser le *Tarot des runes,* essayez le tirage suivant.

1. **Représentation de l'intention.** Cette carte n'est pas tirée au hasard, mais elle est choisie par le consultant. Elle représente ce qu'il ou elle veut réaliser.

2. **Représentation de la volonté.** Cette carte et les deux suivantes sont tirées au hasard après avoir mélangé le jeu. Elle représente les ressources dont dispose le consultant pour mener à bien son action et procéder en accord avec son intention.

3. **Représentation du sacrifice.** Elle permet de comprendre ce qu'il faut abandonner pour accéder à ce

qui est souhaité. Lâcher prise peut être aussi important que gagner.

4. **Représentation des conséquences.** Elle montre les possibilités d'évolution et de changement de la situation, et pointe les responsabilités du consultant, en bien comme en mal.

Comme acte symbolique, le consultant peut graver ou dessiner les runes qui figurent sur les cartes pour se connecter plus profondément à sa propre intention, canaliser sa volonté, accepter le sacrifice et faire face aux conséquences de ses actions.

COMPRENDRE LA SIGNIFICATION DES CARTES

Ce livret propose des informations pour chacune des 78 cartes. Utilisez-les comme point de départ pour interpréter les messages et les situations de votre vie. La divination est à la fois une forme d'art et un langage. Les combinaisons sont nombreuses. Associer la complexité du tarot et des runes enrichit merveilleusement chacun des deux systèmes. Il faut apprendre à déchiffrer ce qu'ils disent individuellement et ensemble.

LES ARCANES MAJEURS

0. LE FOU

Le dieu Freyr marche à travers champs, dans une vallée. Des collines enneigées se profilent au loin. Il lève la tête vers le soleil, et les rayons illuminent son visage. Freyr ne porte pas d'épée sur le côté, mais sur l'épaule ; un petit baluchon, fermé par des liens d'or, y est suspendu. Le vent soulève sa cape de voyage. Une bourse est attachée à sa ceinture. Il porte des gants sans doigts et des brassards d'or comme protection. Gullinbursti, son sanglier aux soies d'or, marche à ses côtés.

À L'ENDROIT: ayez confiance, entreprenez un voyage, liberté, relevez des défis.

À L'ENVERS: peur du changement, blocage, sentiment de restriction, immobilisme, libérez-vous.

RUNE: ***Jêra.*** Récolte, joie, tout ce qui est naturel.

I. LE MAGICIEN

Heimdall, le dieu gardien, se dresse de toute sa hauteur. Dans une main, il tient un gigantesque cor dont il est prêt à se servir. Il est cuirassé de métal et couvert de fourrures. Une épée pend à sa ceinture, à côté de Gjallarhorn, l'immense cor qui résonne dans tout Asgard quand un ennemi approche. La bataille n'a pas commencé, mais il est prêt. De sa main droite dressée en l'air, il désigne une rune écarlate. Des nuages noirs s'amoncellent dans le ciel. Une magie puissante est à l'œuvre. Deux arcs-en-ciel, symboles d'espoir et de triomphe, relient le Viking à la terre et au ciel. Un coq est perché sur son épaule. Est-ce Gullinkambi, le coq qui annonce le *Ragnarök*, ou la fin des temps ?

À L'ENDROIT : ralliement, canalisez votre force intérieure, restez concentré sur un seul objectif, maîtrise de soi.

À L'ENVERS : abus de pouvoir, manipulations, trop de contrôle, maîtrisez la situation.

RUNE : ***Mannaz***. Capacité, communauté, liens familiaux et amitié.

II. LA GRANDE PRÊTRESSE

Une *seiðkona*, ou *spákona* se tient entre deux chaudrons, dans un bois. Elle est vêtue de draperies légères. Son corps mince et frêle apparaît entre les déchirures. Un médaillon d'or est suspendu à son cou. Deux lignes noires coulent de son front jusqu'à ses joues. Ses yeux sont clos. Un bandeau orné d'une ramure lui enserre le front. Dans sa main gauche, elle tient un bâton auquel est attaché un crâne. Des rubans de couleurs vives sont enroulés tout autour. Des flammes rougeoient dans le chaudron à sa gauche, celui de droite ne contient plus que des cendres. Une créature divine, *Audhumbla*, se tient derrière elle, esprit des choses à venir ou passées.

À L'ENDROIT : écoutez votre intuition, invoquez les runes, faites confiance à l'univers, communiez avec le divin, magie lunaire.

À L'ENVERS: méfiance, ne vous surestimez pas, vous n'êtes pas en accord avec la vocation de votre âme, écoutez les conseils.

RUNE: ***Uruz.*** Origines, courage et endurance.

III. L'IMPÉRATRICE

La déesse Frigg trône sur un siège ornementé. Elle porte une robe bleue et tient, dans la main droite, un fuseau près d'un rouet. Une laine blanche, filée dans le rouet, s'enroule sur le fuseau. La rune, *Berkanô*, apparaît au centre de la roue. La déesse berce un bébé viking sur son bras gauche. L'enfant tend la main pour agripper la robe de la femme. L'épée et le bouclier de la déesse sont appuyés à l'un des accoudoirs du siège. Le bouclier est peint de bandes rouges et blanches. Un corbeau est perché sur le pommeau de l'épée. Un petit coffre est posé aux pieds de Frigg.

À L'ENDROIT: abondance, vous vous sentez créatif, jouissez des beautés de la terre, aimez-vous, sentiments de bonheur et de plénitude.

À L'ENVERS: pénurie, vous vous sentez dépassé, sentiments de peur ou de contrainte, la créativité est bloquée.

RUNE: ***Berkanô.*** Naissance, cycles de vie, créativité.

IV. L'EMPEREUR

Thor est assis sur son trône, en haut d'une montagne de crânes humains. Une expression déterminée se lit sur le visage du dieu aux cheveux roux. De nombreux motifs nordiques sont tatoués sur son corps. Il attend, prêt à l'action, tandis que des éclairs zèbrent le ciel autour de lui. Son arme, le puissant marteau Mjölnir, est posée près de lui. Thor est armé pour le combat, il porte de lourds brassards et des gants en métal. Sur sa ceinture, la rune *Thurisaz* brille d'un éclat vif. Deux têtes de béliers apparaissent aux pieds du puissant dieu.

À L'ENDROIT : puissance physique, vous faites preuve de compétences, ayez des attentes claires, concentrez-vous sur l'action et les résultats.

À L'ENVERS : manque de limites, trop de rigidité, absence de fiabilité, vos attentes sont trop élevées.

RUNE : ***Thurisaz***. Force, protection, concentration.

V. L'HIÉROPHANTE

Le dieu Forseti, fils de Balder, est assis sur un trône de pierre. Il est vêtu d'une longue robe rouge et d'une cape blanche. Ses cheveux longs, tirés en arrière, retombent sur ses épaules. Sa tête est auréolée de lumière, il tient une tablette de pierre sur ses genoux. Le dieu étend la main vers deux Vikings agenouillés. Celui de gauche a des cheveux longs qui se confondent avec sa cape de fourrure, celui de droite des cheveux plus courts et une tunique grise. Ils regardent le dieu arbitre, dans l'attente fébrile de son jugement. Un chien est assis à ses côtés, qui tient une épée dans sa gueule. La rune *Raidhô* apparaît au-dessus de Forseti. Les deux montants du trône de pierre sont ornés de motifs vikings médiévaux.

À L'ENDROIT : vous prenez de bonnes décisions, éveil de la compréhension, enseignement, religion, gardien des savoirs traditionnels.

À L'ENVERS : vous vous détournez de la lumière, vous défiez l'autorité, vous ignorez les conseils, vous supportez mal le changement, désintérêt pour la vie.

RUNE : **Raidhô.** Déplacement, voyage, de l'ordre dans le chaos.

VI. LES AMOUREUX

Iðunn et Bragi se reposent dans un bosquet d'ifs. Bragi est assis en tailleur, il porte une tunique colorée et un justaucorps à manches courtes. Son pantalon est noir et il est chaussé de bottes hautes. Un luth est posé sur un rocher près de lui ; de l'autre côté, on voit des tablettes de pierre gravées de runes. Ses yeux sont ouverts, mais il paraît en transe. La rune pour *Gêbô* brille sur sa poitrine. Iðunn est debout derrière lui. Ses cheveux sont longs et blonds, elle est vêtue d'une robe blanche ceinturée à la taille. Elle tient une pomme d'or dans une main et montre le ciel de l'autre. La rune pour *Ehwaz* flotte au-dessus de sa main.

À L'ENDROIT : échanges équilibrés, la passion est là, vos rapports avec autrui sont harmonieux, unité, acceptation de soi.

À L'ENVERS : une source d'instabilité dans votre vie, relation sans amour, émotions blessantes, manque de mesure, contrainte.

RUNES : ***Gêbô*** et ***Ehwaz.*** Don, générosité, positivité, loyauté, harmonie.

VII. LE CHARIOT

La déesse Freyja est debout sur son char. Elle porte un casque ailé et ses longs cheveux blonds flottent au vent. Elle tient une lance dans une main et brandit un fouet dans l'autre.

La déesse porte un plastron et deux dagues sont suspendues à sa ceinture. Elle est parée pour le combat. Son bouclier, posé à ses pieds dans le char, protège ses jambes. Sa cape se déploie derrière elle, tandis qu'elle avance. Deux chats sont attelés à son char. Ce sont des cadeaux de Thor. L'un est noir et l'autre blanc. La rune pour Kênaz apparaît à l'avant du char.

À L'ENDROIT : choisissez votre destin, agissez vite, conduisez d'une main ferme, faites confiance à la voie, saisissez le moment.

À L'ENVERS : clarifiez vos objectifs, prenez de l'ampleur, ayez un seul centre d'attention, ancrez-vous, on suit les autres.

RUNE : ***Kênaz.*** Enthousiasme, énergie, assurance.

VIII. LA FORCE

La déesse Thrud appuie son front sur le front d'un ours blanc. Une discrète couronne de fleurs met en valeur ses cheveux roux. Elle est vêtue d'une armure légère, d'un pantalon de cuir et arbore des brassards aux poignets. Thrud tient délicatement la tête de l'ours entre ses mains. L'animal incline le front tout en fermant les yeux. On sent qu'une grande confiance les unit. Des fées flottent en dansant autour d'eux – la rune pour *Wunjô* luit sur le cou de l'ours.

À L'ENDROIT : persévérance, exploitez votre force intérieure, cultivez vos talents personnels, courage, vous affrontez l'adversité.

À L'ENVERS : faites-vous confiance, problèmes insurmontables, vérité cachée, manque de compassion, échec.

RUNE : **Wunjô.** Appréciez votre chance, plaisir, récompenses.

IX. L'ERMITE

Les racines d'un grand arbre s'enfoncent dans la riche terre sombre. Ces racines sont fortes, elles transportent des nutriments pour alimenter les huit autres mondes connectés.

Le visage d'un vieil homme surgit au cœur de l'arbre. C'est Mímir, le géant, un maître de sagesse. Il est pâle et ses yeux sont d'un bleu profond. Son nez est rouge et ses cheveux blancs. La barbe de Mímir est longue, elle plonge dans le sol, comme les racines de l'arbre. Le signe de la rune *Ísa* brille au milieu du front de Mímir. Des symboles magiques apparaissent de part et d'autre du géant. Un petit globe lumineux luit sur le sol, c'est l'œil d'Odin qui représente le prix de la sagesse et du savoir.

À L'ENDROIT : réflexion, solitude, une compréhension profonde, partagez votre sagesse avec autrui, résolutions des problèmes.

À L'ENVERS : invasion de l'espace sacré, isolement, vous vous renfermez, vous vous sentez bloqué, trop occupé pour écouter votre sagesse intérieure.

RUNE : ***Îsa.*** Restez serein et laissez-vous du temps pour progresser.

X. LA ROUE DE FORTUNE

Trois femmes sont dans un marais brumeux. Un gigantesque if étend ses branches, certaines d'entre elles marquées de signes familiers. Ces femmes ne sont autres que les Nornes. Elles se tiennent devant un très grand rouet.

Douze rayons partent du centre de la roue. Un sigil (sceau magique) brille sur cet axe, le centre vers lequel tout converge. La femme à droite se nomme Skuld, elle porte une robe rouge et une cape. C'est la Norne de l'avenir. Elle tient une épée pointée vers le sol dans une main et l'extrémité d'un fil ténu dans l'autre. Ce fil passe devant la roue, il la relie à Verthandi, la Norne assise au sol, qui file le présent. Elle est entièrement vêtue de blanc et porte une couronne de fleurs fraîches sur la tête. Elle regarde le fil qui glisse sur ses doigts et s'enroule autour d'un fuseau avant d'être repris par la femme à gauche, Urd, la sœur aînée, la Norne du passé. Urd porte une robe et une cape noires, ses cheveux blonds sont nattés. Le fil forme une boucle sur ses doigts et s'échappe en dehors du cadre. C'est le fil du destin : le Wyrd.

À L'ENDROIT : profitez du temps qui vous est donné, la vie est cyclique, comprenez vos cycles personnels, chance et hasards heureux, adaptez-vous aux forces extérieures.

À L'ENVERS : résistance au changement, coup du sort et malchance, apprenez à surfer les vagues, le changement est constant, inertie.

RUNE : ***Perthrô.*** Hasard heureux, destin, occasions.

XI. LA JUSTICE

Tyr, le dieu puissant et juste, est fermement campé sur le sol. Il est armé pour le combat. Une hache et un casque sont attachés à sa ceinture. La rune *Tîwaz* brille sur la boucle de son ceinturon. Ses cheveux sont soigneusement tressés, signe qu'il est prêt pour la bataille. Dans une main, le dieu tient son épée, dont la garde porte aussi la rune *Tîwaz*. Il a planté la lame dans le sol. Derrière lui, le grand loup Fenrir, fils de Loki, est attaché par des chaînes d'or. Ses yeux brûlent de colère, sa gueule est béante. Tyr a passé son bras droit entre les puissantes mâchoires du loup.

À L'ENDROIT: rétablissez l'équilibre, assumez la responsabilité de vos actions, négociez vos conditions, stabilisez votre vie.

À L'ENVERS: abattement, mauvaises décisions, se faire justice, saboter délibérément un résultat.

RUNE: ***Tîwaz.*** Recherchez la justice et suivez votre morale.

XII. LE PENDU

Tout en haut des montagnes enneigées, Ullr se livre à une périlleuse cascade sur ses skis. Son regard est intense, il porte des peintures de guerre sur le visage. Des flèches s'échappent du carquois dans son dos. Ullr est caparaçonné de cuir, de métal et de fourrure. La rune pour *Eihwaz* apparaît au centre de son plastron ; elle irradie une lueur bleue. Le dieu tient une hache dans chaque main, ce qui rend ses acrobaties encore plus dangereuses. Il est tête en bas et le soleil l'éclaire, lui faisant comme une auréole. Ses skis, gravés de motifs décoratifs, sont fixés à ses bottes de combat par des lanières de cuir.

À L'ENDROIT : sacrifice et abandon, illumination, vos efforts sont récompensés, vous êtes là où vous devez être, abandonnez-vous à l'inconnu.

À L'ENVERS : stagnation, vous perdez confiance, de nouveaux défis se présentent, ralentissez et faites un bilan.

RUNE : **Eihwaz.** Une ascension spirituelle qui peut vous aider à créer des connexions.

XIII. LA MORT

Odin se tient au milieu du passage qui mène vers le Valhalla. La lumière annonçant la terre promise brille dans l'obscurité. On entrevoit au loin des guerriers qui festoient et racontent des histoires. La lumière éclaire les murs d'os et de crânes. Les vestiges d'une terrible bataille jonchent le sol devant le vieux dieu. On voit des épées, des lances et des corps entassés. Odin porte son armure, une cape et son casque. Il brandit sa lance Gungnir en avançant dans les ténèbres pour collecter les âmes des braves. Ses deux loups, Geri et Freki, le précèdent. Une nuée de corbeaux et de corneilles vole autour ; parmi eux, Hugin et Muninn. les oiseaux psychopompes qui conduisent les âmes des morts dans l'au-delà. La rune pour *Ansuz* luit d'un éclat bleuâtre au milieu des corps.

À L'ENDROIT : transition de l'un à l'autre, montée vers le Valhalla, le *Valknut*, vous êtes appelé à entamer une nouvelle phase de votre vie spirituelle, renaissance.

À L'ENVERS : résistance au changement, pensées obsessionnelles, retrait, stagnation dans la répétition, cultivez les habitudes utiles.

RUNE : ***Ansuz***. Transition, des forces divines sont à l'œuvre.

XIV. LA TEMPÉRANCE

La déesse Sif se tient au milieu d'une vallée entre deux chaînes de montagnes. Un tapis de fleurs rouges, violettes, blanches et jaunes s'étend à perte de vue. Ses longs cheveux d'une blondeur de blé tombent jusqu'au sol, de minuscules fleurs mauves les parsèment. Sif, à demi dénudée dans sa robe blanche, se retourne pour regarder quelque chose – ou quelqu'un – derrière elle ; ses lèvres sont rouges, elle sourit. Le ciel semble se dégager après un gros orage. Un petit lapin est assis aux pieds de la déesse. Six runes *Dagaz* flottent autour de la chevelure de Sif, tels des papillons jaunes.

À L'ENDROIT : modération, soins attentifs, désir d'équilibre, processus alchimique, rétablissement.

À L'ENVERS : vous êtes à bout, épuisement, intolérance, pressions extérieures, cessez de faire des concessions.

RUNE : ***Dagaz.*** Espoir, l'obscurité s'éclaire, l'anxiété disparaît.

XV. LE DIABLE

Loki, le dieu fourbe, contemple depuis les nuages ce qui se déroule sur terre. Ses cheveux noirs sont tirés en arrière. Les cornes de son casque se dressent dans le ciel. Ses yeux sont rouges, il arbore un sourire narquois, tout en posant un doigt sur ses lèvres, geste universel de silence. De son autre main jaillit le feu. L'homme en bas ne se doute de rien, il a froid et n'est pas vraiment équipé pour ce temps. Des corps sans vie gisent autour de lui. Le malheureux tente d'allumer un feu avec un arc et un bâton. Il n'a pas conscience de ce que Loki lui réserve. La rune pour *Nauthiz* est suspendue dans les airs entre le dieu et l'homme.

À L'ENDROIT : vous cédez à vos penchants, double jeu, tentations, surmontez la peur et la honte, comprenez les conséquences de vos actions.

À L'ENVERS: pas de responsabilités, évitez les obligations, échappez à la pression sociale, renoncez aux tentations.

RUNE: ***Naudiz.*** Oppression, contrainte et déception.

XVI. LA TOUR

Le dragon Fáfnir a été réveillé par la présence d'intrus dans sa caverne. Il crache un long jet de feu, expulsant ainsi de nombreuses années de colère. Deux personnes, un homme et une femme tentent de fuir, mais ils sont engloutis par les flammes. Le feu brûle tout ce qu'il touche. Rien ne peut l'arrêter. La terre est réduite en cendres, comme les armures de ceux qui ont essayé de la protéger et de résister. Des épées et des casques brisés jonchent le sol, inutiles. Un sigil rougeoyant représentant *Galdrastafir*, le casque de terreur, brille entre les yeux de Fáfnir.

À L'ENDROIT : lâchez prise, le monde s'écroule, vous êtes profondément ébranlé, débarrassez-vous de ce qui ne vous sert plus, changement brutal.

À L'ENVERS : vous vous accrochez au passé, retardez le changement, rejet, attendez que les choses se calment, leçons nécessaires.

RUNE : ***Fehu.*** Richesse, pouvoir du cœur, limites qu'on s'impose.

XVII. L'ÉTOILE

Jörmungandr, surgi de la mer au cœur de la nuit, se prépare à engloutir une longue barque viking. On aperçoit sa queue au loin. D'énormes vagues soulèvent l'océan, menaçant de submerger le navire. Heureusement,

Njörd vient au secours des marins menacés. Il porte des épaulières et une armure lamellaire. D'une main, il soulève le bateau hors de l'eau et de l'autre, il brandit une rame en l'air. Jörmungandr siffle, tous deux se préparent à un nouveau duel. La rune *Laguz* apparaît sur le harnais de poitrine de Njörd. Une seule étoile brille dans le ciel, illuminant le féroce combat et une partie de la Voie lactée.

À L'ENDROIT : espoir, cadeaux des dieux, bons présages, élimination et renouveau, rêvez grand.

À L'ENVERS : nier sa vérité intérieure, ignorer les signaux, manque de vision, l'imagination est épuisée.

RUNE : ***Laguz.*** Restez souple et suivez le flux.

XVIII. LA LUNE

Deux guerriers s'affrontent sous une éclipse lunaire. Celui de gauche, nommé Hotherus, disparaît presque complètement dans l'ombre. Souple et musclé, il se tend pour attaquer son adversaire. Il tient une courte épée qu'il s'apprête à enfoncer dans la poitrine de son opposant Balderus. La rune pour *Elhaz* luit sur son torse. L'autre combattant, Balderus, est entièrement vêtu de blanc. C'est un demi-dieu, la rune *Othila* brille sur son bouclier. Ils se disputent l'amour de Nanna, symbolisé par la petite rose qui apparaît à leurs pieds. C'est l'éternel combat de l'ombre et de la lumière. Dans le ciel, on aperçoit Máni, le dieu de la lune, dans son char tiré par un cheval nommé Alsvider. Ils sont poursuivis par le loup Hati qui veut dévorer l'astre de la nuit.

À L'ENDROIT : conflit difficile, vous révélez votre côté sombre, acceptez l'incertitude, rêves, oubliez les illusions, introspection, affrontez vos peurs.

À L'ENVERS : manque de lucidité, cherchez la lumière, sondez l'ombre, examinez votre vie en détail, quelque chose n'est pas en place.

RUNES : ***Elhaz*** et ***Othila.*** Protection, transgression des limites, conservez la pureté, explorez au-delà de la conscience et de l'expérience.

XIX. LE SOLEIL

La déesse Sól, représentée sous les traits d'une femme rayonnante, se tient debout sur son char. Sa chevelure et ses mains sont en feu, comme le bas de sa robe blanche. Elle n'a pas besoin d'armes, car elle est faite de flammes. Sól arbore un large sourire. Son char est d'or massif. En tournant, les roues font jaillir des étincelles. La rune pour *Sowilô* apparaît sur le moyeu de la roue gauche. Une variante de la même rune est visible à la base du char, dans une représentation stylisée du soleil. Deux sveltes et rapides étalons blancs, nommés Arvak et Alsvid, sont attelés au char. Ils galopent dans le ciel, leurs yeux, leurs crinières et leurs queues en feu. Skoll, le loup noir, les poursuit, la gueule grande ouverte, pour mordre dans le soleil.

À L'ENDROIT: joie, réussite, renouveau, tout va bien, prenez votre vie en main.

À L'ENVERS: harcèlement, perte de contrôle, vous êtes dans le noir, vous vous épuisez au travail, vous vivez dans l'urgence.

RUNE: ***Sowilô.*** Jouissez du sentiment de victoire.

XX. LE JUGEMENT

Le monde est déformé par des ondes jaunes et orange. Au loin, de longues barques vikings brûlent au bord du rivage. Le sol est jonché de cadavres, d'armes et de boucliers. On distingue des silhouettes de valkyries de loin en loin. Au centre de la carte se dresse une valkyrie solitaire, un guerrier mort à ses pieds. Elle est coiffée d'un casque d'or ailé ; vêtue de blanc, elle porte un corset de cuir. Des brassards de métal protègent ses poignets. Elle étend une main au-dessus du corps pour libérer l'esprit de son enveloppe mortelle. L'âme s'élève et regarde la femme. Deux incarnations de la rune appelée *Ingwaz* apparaissent près de la valkyrie. L'une brille au-dessus de sa tête, l'autre voltige près de l'âme du guerrier mort.

À L'ENDROIT : résurrection, soyez digne du Valhalla, écoutez l'appel de l'esprit, le moment est venu d'avancer, faites partie de quelque chose de plus grand.

À L'ENVERS: résister à l'appel, vous vous repliez sur vous-même, vous vous questionnez, vous vous limitez, style de vie malsain.

RUNE: **Ingwaz.** Écoutez l'appel et nourrissez votre potentiel, emmagasinez et libérez l'énergie.

XXI. LE MONDE

Ymir domine de toute sa hauteur les minuscules mortels qui apparaissent en bas à droite de la carte. Pourtant, il garde un visage et une apparence d'homme. Il avance, sa longue barbe blanche flottant au vent. Une moitié de son corps est humaine, tandis que l'autre se transforme lentement, incorporant racines et végétaux des terres alentour. Après sa mort, son corps deviendra le monde, son sang l'océan et son crâne le ciel. La rune pour *Perthrô* brille d'un éclat vert sur sa poitrine, à demi dissimulée par l'écorce et les racines qui l'étouffent peu à peu. Une seconde rune, pour *Hagalaz*, resplendit sur son torse. La lumière, tamisée par les nuages, éclaire son corps. Les lueurs rouges du ciel se reflètent dans le lac derrière le géant.

À L'ENDROIT : réintégration, sentiment de plénitude, travail bien fait, étape à son terme, gratitude envers votre communauté.

À L'ENVERS : regret de ce qui n'est plus, peur d'être vu, créez de meilleures conditions dans votre monde, lâchez une situation.

RUNES : ***Hagalaz.*** Tout est connecté et a un sens, la tempête de la création.

LES ARCANES MINEURS

SUITE DES CORNES

AS DE CORNES

Une corne à boire a été posée dans une cuvette laissée par la marée. Elle tient parfaitement en équilibre. L'eau clapote en ondes concentriques à sa base. De luxuriantes plantes aquatiques prospèrent dans cette zone humide, sans doute protégées des intempéries par les rochers qui se voient à l'arrière-plan. Le ciel semble calme, malgré de nombreux nuages. Trois runes sont invoquées sur le flanc de la corne.

À L'ENDROIT : nouvelle connexion émotionnelle, remplissez votre coupe, fiez-vous à votre intuition, compassion, curiosité.

À L'ENVERS : se sentir dépassé, limitations émotionnelles, retrait, incapacité à se connecter émotionnellement, collectionner les relations.

RUNE LIÉE : développez de fortes visions créatives.

DEUX DE CORNES

Un homme et une femme se font face. Chacun tient une corne à boire en argent dans sa main. L'eau déborde des récipients. Les deux courants s'entrelacent pour former l'image d'Odin et d'un auroch. L'homme à gauche porte une cotte de mailles ornée de trois rouelles. Ses longs cheveux s'échappent d'un casque ailé. Un bracelet d'or s'enroule autour de son bras. La femme à droite est vêtue d'une grande robe et ses longs cheveux blonds sont couronnés de fleurs. Un arc-en-ciel les réunit. Quatre runes apparaissent au-dessus de l'auroch et d'Odin.

À L'ENDROIT : un partenariat fantastique, capacité de croissance, plénitude émotionnelle, une relation harmonieuse, un mariage basé sur la confiance mutuelle.

À L'ENVERS : des promesses vides, frustration, incapacité à approfondir une relation, séparation, émotions gênantes.

RUNE LIÉE : apporte protection, sécurité et inspiration dans vos partenariats.

TROIS DE CORNES

Trois personnages souriants lèvent leurs cornes à boire. La femme à gauche porte une armure et un casque ailé. Elle a des tresses et un petit marteau de Thor autour du cou. Le jeune au centre lève haut sa corne à boire en argent. Il est vêtu d'une tunique. L'homme à droite porte de lourdes fourrures et ses cheveux sont nattés. On aperçoit un marteau de Thor tatoué sur sa poitrine. Sur une longue table, au premier plan, est disposée une profusion de viandes, de fruits et de légumes. Quatre runes apparaissent en arc de cercle dans le ciel.

À L'ENDROIT : gratitude, célébration, profitez de la compagnie de vos amis, la chance est au rendez-vous, hospitalité.

À L'ENVERS : insatisfaction, frustration, échec des relations, isolement, excès.

RUNE LIÉE : célébrez la force de votre communauté.

QUATRE DE CORNES

Loki se repose sous un arbre. Ses bras sont croisés derrière sa tête et ses yeux sont fermés. Quatre cornes à boire flottent dans une mare d'eau à ses pieds. Elles sont couchées et paraissent vides. À l'arrière-plan, on voit un étalon accompagné du poney à huit pattes Sleipnir. Quelle miraculeuse naissance a eu lieu ?

À L'ENDROIT : satisfaction, contemplation, faire une pause, évaluez votre position, résister aux distractions.

À L'ENVERS : trouvez quelque chose de nouveau, étirez-vous et bougez, renouvelez votre inspiration, connectez-vous à ce qui vous entoure, prenez du recul.

RUNE LIÉE : reposez-vous et profitez de la vie.

CINQ DE CORNES

Le ciel et la terre se fondent dans une même grisaille. Un personnage appuie sa tête contre sa main, son visage est moitié squelette, moitié chair. Son œil unique est clos. Son autre main pointe vers le sol. Des âmes sont emportées par les flots qui s'échappent de deux cornes à boire renversées. D'autres âmes disparaissent dans trois cornes dressées. Trois runes sont visibles sur cette carte.

À L'ENDROIT : nostalgie profonde, désespoir, dépression, le passé est douloureux, le présent insatisfaisant.

À L'ENVERS : rétablissement, renouveau, la situation s'arrange, des liens sont renoués, les regrets sont oubliés.

RUNE LIÉE : extrayez-vous de l'enfer émotionnel.

SIX DE CORNES

Une famille de trois personnes apparaît sur cette carte. Les parents ont des cheveux roux. La femme à gauche a une seule tresse, elle porte des boucles d'oreilles et plusieurs colliers. L'homme, à droite, est un peu plus grand, il tient un petit enfant dans ses bras. Tous deux regardent l'enfant. Six cornes à boire sont disposées devant eux. Elles ont été remplies de terre et des fleurs blanches et jaunes y poussent en abondance. La femme enfile des runes sur un collier ; trois sont visibles sur le lien en cuir.

À L'ENDROIT: cherchez du réconfort, comprenez le passé, réunion, émerveillement enfantin, donnez et recevez avec le cœur.

À L'ENVERS: réalité trop envahissante, vieillissement, obsession du temps qui passe, regret du passé, sentiment de manquer quelque chose.

RUNE LIÉE: vous attirez le respect de tous autour de vous.

SEPT DE CORNES

Huit femmes forment un cercle autour d'une neuvième. Cette dernière porte un petit bébé dans ses bras. Plusieurs personnes tiennent des cornes à boire à la main. Des images et des runes surmontent les cornes. Ce sont, semble-t-il, des dons destinés à l'enfant. Toutes ont les yeux clos, elles paraissent bénir cette naissance. Le soleil diffuse une lumière tamisée par les nuages. L'océan est calme à l'arrière-plan. Des runes s'échappent de deux cornes.

À L'ENDROIT: chances, prenez des décisions réfléchies, dissipez les illusions, une vie soigneusement pesée, des choix sages.

À L'ENVERS : vivre au-dessus de ses moyens, perdre le contact avec la réalité, rêves inaboutis, restez fermement ancré, respectez votre budget.

RUNE LIÉE : protection contre les émotions négatives et nocives.

HUIT DE CORNES

Un écureuil tient une minuscule corne à boire. Il grimpe rapidement sur le tronc d'Yggdrasil, en quête de sécurité et d'un endroit où se cacher. Une rune brille à sa gauche. Au pied de la petite créature rousse, une autre scène se joue. Sept cornes dressent une barrière entre l'arbre monde et un serpent. Il y a un vide au centre. Une rune flotte au-dessus des trois cornes à gauche. Le serpent est furieux, il plante ses crocs dans une branche ou une racine. Une rune apparaît à droite.

À L'ENDROIT: passez à une étape supérieure: séparation, entamez un nouveau voyage, approfondissez vos relations, tournez les talons.

À L'ENVERS: restez dans l'instant, réunion, vous vous sentez perdu, restez tranquille, stress et épuisement.

RUNE LIÉE: excusez-vous pour éviter les disputes.

NEUF DE CORNES

Des guerriers vikings sont assis à de petites tables dans une grande salle. Deux d'entre eux boivent de longues gorgées dans leur corne. Un troisième, à l'arrière-plan, lève la sienne. Une valkyrie porte six autres cornes remplies d'hydromel. Elle se fraie un chemin à travers la grande salle du Valhalla, veillant au bien-être de tous les guerriers choisis par Odin pour servir à ses côtés quand arrivera le *Ragnarök*.

À L'ENDROIT : vous avez bien travaillé, profitez de ce moment, vous faites partie d'une communauté, soyez fier de vos réussites, que le soleil brille.

À L'ENVERS : déception, sentiment d'être exposé, mensonges cachés, syndrome de l'imposteur, de sombres secrets révélés.

RUNE LIÉE : faites de votre mieux, quelles que soient les circonstances.

DIX DE CORNES

Une longue table élégante a été installée dans une des salles du Valhalla.

Odin siège à l'une de ses extrémités, bien au-dessus des autres Ases. Son frère Thor et sa femme sont assis à ses côtés. Beaucoup d'autres dieux et déesses sont autour de la table. Loki, reconnaissable aux cornes de son casque, se trouve à l'autre bout. Tous lèvent leurs cornes à boire. C'est encore une grande célébration. Deux runes brillent sur les colonnes qui soutiennent le toit. Une troisième apparaît au-dessus du trône d'Odin.

À L'ENDROIT : savourez les fruits de votre travail, tout va bien, jouissez de la compagnie de votre famille, plénitude émotionnelle, exprimez de la gratitude.

À L'ENVERS : famille dysfonctionnelle, examinez objectivement la réalité, perturbations, problèmes de communication avec autrui, incapacité à faire confiance.

RUNE LIÉE: à utiliser pour soigner, guider, ou pour prendre du bon temps.

VALET DE CORNES

Une jeune fille blonde se tient au bord d'une mer houleuse. Elle est vêtue d'une robe et d'un manteau. Deux ceintures ceignent sa taille. Elle porte de grandes bottes. Elle semble inconsciente des hautes vagues qui déferlent sur la plage, juste derrière elle. Son regard est fixé sur la corne à boire qu'elle tient à la main. Elle la lève en l'air, comme pour mieux la voir. La lumière du ciel est douce, on sent que la journée n'en est qu'à ses débuts.

À L'ENDROIT: soyez inspiré, écoutez vos rêves, cherchez des solutions originales, laissez libre cours à votre imagination, acceptez de l'aide.

À L'ENVERS : résistance aux émotions, exagération, vous êtes trop sensible, déconvenue, cachez vos sentiments.

RUNE LIÉE : motivez-vous quand les jours sont lourds.

CAVALIER DE CORNES

Un éclaireur viking chevauche un étalon blanc, au bord de l'océan. Le cheval est caparaçonné de métal. Le cavalier porte un pantalon vert et une tunique sous sa cuirasse en cuir. Une longue cape bleue tourbillonne derrière lui. Ses cheveux sont nattés. Il lève haut sa corne à boire en fixant quelque chose au loin. Deux baleines jaillissent de l'eau à l'arrière-plan.

À L'ENDROIT : soyez ouvert à vos sentiments, comprenez les besoins d'autrui, battez-vous pour vos idées, trouvez des causes dignes d'intérêt, savourez les plaisirs physiques.

À L'ENVERS: machinations, amour non partagé, émotions envahissantes, imprévisibilité, vous prenez des risques inutiles.

RUNE LIÉE: vos aventures passionnelles sont protégées.

REINE DE CORNES

Une femme aux blonds cheveux bouclés est assise sur un trône en bois sculpté. Le siège est orné de symboles et de motifs vikings. Le dossier est haut. La femme se détourne des eaux turbulentes de l'océan. Les vagues montent presque jusqu'à ses pieds. Elle est vêtue d'une robe bleue et d'une cape en velours argenté à col de fourrure. La femme porte une couronne, elle regarde la corne à boire dans sa main. Une rune liée apparaît à ses pieds. Tout à sa contemplation, elle ignore le dauphin qui saute hors de l'eau derrière elle.

À L'ENDROIT : empathie profonde, puissance émotionnelle, cultivez vos dons psychiques, suivez vos désirs, trouvez l'équilibre.

À L'ENVERS : sentiments instables, mentalité de victime, tendance à la manipulation, émotions et comportements imprévisibles.

RUNE LIÉE : à utiliser pour y voir plus clair dans vos sentiments.

ROI DE CORNES

Un homme aux cheveux clairs est assis sur un trône au dossier incurvé, on y voit les mêmes motifs que sur celui de la Reine. L'homme est vêtu d'un vêtement vert de cérémonie et d'une étole de fourrure. Il porte une couronne de cendres en bois hérissée de pointes. Un médaillon d'argent pend à son cou. Il a posé une main sur un accoudoir et, de l'autre, il tient une corne à boire. À l'arrière-plan, deux dauphins sautent haut dans le ciel. Une rune liée apparaît aux pieds de cet homme.

À L'ENDROIT : fermeté, soyez optimiste, stabilité émotionnelle, fiez-vous à votre intuition, respect et modération.

À L'ENVERS : dureté de cœur, rigidité, autodestruction, méchanceté et cruauté, violence envers soi et autrui.

RUNE LIÉE : Les attentions favorisent l'harmonie en famille.

SUITE DES BOUCLIERS

AS DE BOUCLIERS

Un unique bouclier est posé contre une pierre. Il est gravé d'un grand sigil (sceau magique) et d'une frise décorative. De petites plantes commencent à pousser à sa base. L'herbe est verte et vigoureuse. Un orage menace au loin, mais pour le moment un rayon de soleil éclaire le bouclier. Deux runes figurent sur cette carte, l'une dans le ciel et l'autre sur le sol.

À L'ENDROIT : semez pour récolter, de nouveaux faits apparaissent, se sentir soutenu, cherchez de nouvelles relations.

À L'ENVERS : vos ressources sont épuisées, attendez une meilleure occasion, ayez confiance, faire plus qu'on ne peut.

RUNE LIÉE : croissance et richesse pour vous.

DEUX DE BOUCLIERS

Deux guerriers sont assis autour d'un feu. Ils portent une armure légère et leur bouclier est posé près d'eux. Une pièce de viande cuit à la broche. Ils en ont pris chacun un morceau qu'ils sont en train de manger. Le soleil est bas dans le ciel, le jour touche à sa fin. L'astre va se coucher derrière les montagnes. Ils ne semblent pas pressés de regagner leur clan ni s'inquiéter de passer une nuit à la belle étoile. Une seule rune apparaît en l'air, au-dessus du feu.

À L'ENDROIT: faites une pause, surveillez votre niveau d'énergie, trouvez la voie, équilibre, vous faites trop de choses à la fois.

À L'ENVERS: les tâches se bousculent, être trop rigide, trop sûr de soi, étroitesse d'esprit.

RUNE LIÉE: travaillez sur vous pour atteindre l'équilibre.

TROIS DE BOUCLIERS

Un Viking tient un marteau et un ciseau. Il est occupé à sculpter délicatement les motifs intriqués et le *vegvísir* qui figurent sur les boucliers du clan. L'homme porte une armure complète, ce qui suggère qu'il travaille pendant la bataille. Le *vegvísir* est déjà en place sur un bouclier, deux autres sont pendus au mur derrière le sculpteur. Ils sont composés de bois clair et foncé. Le Viking s'attaquera ensuite à ces deux boucliers, recommençant cette longue et minutieuse opération, pour y graver des motifs identiques aux précédents. D'autres outils pour travailler le bois sont posés sur la table. Deux runes apparaissent sur les boucliers suspendus au mur.

À L'ENDROIT : concentrez-vous sur les détails, votre contribution compte, fixez-vous des objectifs à très court terme, exprimez vos talents.

À L'ENVERS: travail solitaire, ne pas prendre conseil, s'opposer à l'autorité, restez silencieux, incapacité à écouter les bons conseils.

RUNE LIÉE: soyez fidèle à vos convictions.

QUATRE DE BOUCLIERS

Debout sur un rivage rocheux, un Viking contemple une longue barque. Ses cheveux sont nattés. Il porte des épaulières et un vêtement de voyage en cuir. Il tient ce qui semble être un coffret. Il fait nuit. Le drakkar flambe sur l'eau. Quatre boucliers de clan sont suspendus au bastingage. On aperçoit des épées et des lances sur le navire, mais le feu dévore tout, même le mât. Une rune unique brille dans le dos du Viking.

À L'ENDROIT : attachement au passé, accumulation de ressources, luttes de pouvoir, adoptez une nouvelle position, défendez vos droits.

À L'ENVERS : donnez généreusement, potentiel dormant, essayez une nouvelle approche, soyez flexible, desserrez l'étreinte.

RUNE LIÉE : regret de ce que vous avez perdu.

CINQ DE BOUCLIERS

Deux Vikings sont pris dans une tempête de neige, sans abri. Les arbres sont nus et la terre est gelée. On aperçoit cinq boucliers brisés, vestiges d'une ancienne bataille. Deux pendent dans un arbre, cassés et percés de flèches. Trois sont sur le sol, dans le même état. Un des Vikings, de dos, tient un bâton et semble s'éloigner pour chercher de l'aide. L'autre est assis sur la terre froide. La main et l'œil gauches sont bandés.

À L'ENDROIT: incertitude, perte de confiance, désespoir, sentiment d'être oublié.

À L'ENVERS: demandez de l'aide, soyez ouvert aux présages, vous dépendez des autres, incapacité à voir ce que vous avez, peur de la pauvreté.

RUNE LIÉE: soyez toujours généreux.

SIX DE BOUCLIERS

Des guerriers armés de pied en cap sont rassemblés dans un champ. Leur chef les harangue en serrant les poings. Bien qu'on ne voie pas son visage, on peut juger de l'effet galvanisant de son discours par les réactions de l'armée. Les hommes sont électrisés. Ils brandissent épées, haches et lances, et frappent leurs boucliers. Ils semblent prêts à se ruer de nouveau dans la bataille. Un maître des runes est accroupi au premier plan, tout occupé à réparer les boucliers et restaurer les propriétés magiques de leur *vegvísir*. Une seule rune brille au-dessus de l'armée.

À L'ENDROIT : persévérance, soutien et respect, réussite commune, croissance.

À L'ENVERS : paresse, projet mal géré, vous prenez plus que vous ne donnez, obstacles, questions d'abondance.

RUNE LIÉE : tout est réuni pour que vous réussissiez ce que vous entreprenez.

SEPT DE BOUCLIERS

De dos, debout sur un plancher, un chef de clan, au crâne à demi rasé et tatoué, tourne la tête sur le côté. Le *jarl* porte une longue natte qui disparaît dans le col de fourrure de sa lourde cape en cuir. Sa main gauche repose sur le pommeau d'une épée, un brassard protège son avant-bras. Devant lui, sept boucliers sont accrochés à un mur. Tous sont décorés d'un motif viking différent. Il s'agit sans doute de trophées remportés par le *jarl*.

À L'ENDROIT : célébrez vos succès, pérennité, rassemblez vos ressources, réfléchissez à vos victoires et à vos échecs, soyez fier de vos réussites.

À L'ENVERS : vous êtes dans une impasse, peur des nouvelles idées, une nouvelle tâche vous incombe, les vieux schémas reviennent, doute.

RUNES : honneur et justice pour votre maison.

HUIT DE BOUCLIERS

Un jeune *erilaz* viking tient un chiffon à la main. Une expression concentrée se lit sur son visage. Le garçon a des cheveux roux et courts. Il porte une tunique qui a l'air trop grande pour lui. Il semble être en train d'appliquer de la cire sur le *vegvísir* pour le faire briller. Au second plan, le maître *erilaz* pratique un rituel magique sur un bouclier neuf. Six autres boucliers sont suspendus au mur devant lui. Certains sont faits d'une seule sorte de bois, d'autres de deux. Des runes apparaissent sur deux des boucliers.

À L'ENDROIT : appliquez-vous, perfectionnez vos talents, la maîtrise s'apprend, encouragement, assiduité.

À L'ENVERS : vous abandonnez trop vite, paresse, relâchement, carrière frustrante, ne pas travailler correctement.

RUNE LIÉE : guidance pour persévérer dans votre voie.

NEUF DE BOUCLIERS

Une chasseuse viking se repose dans un fauteuil couvert d'une peau d'ours blanc. Elle semble décontractée et à l'aise. Bien qu'elle porte une armure légère, sa position suggère l'oisiveté. Ses cheveux blonds sont lâchés sur sa poitrine. Son bouclier *vegvísir* est posé à ses pieds. Huit autres boucliers sont suspendus au mur au-dessus d'elle, ils portent les sigils d'autres clans. Épées, lances et autres armes encadrent le fauteuil. Une chouette blanche est perchée sur son épaule. Deux runes apparaissent sur cette carte, une au-dessus de la femme et l'autre à ses pieds.

À L'ENDROIT : succès, profond sentiment d'accomplissement, promotion en vue, bonheur spirituel, profitez des plaisirs de l'existence.

À L'ENVERS : lenteur, compter sur les autres pour vivre, vous n'exploitez pas votre potentiel, il faut faire plus d'effort, faux espoirs.

RUNE LIÉE : énergie pour atteindre vos objectifs.

DIX DE BOUCLIERS

Deux longues barques vikings appareillent. Ces drakkars sortent d'une passe et voguent vers la haute mer. Les capitaines brandissent leurs cors, tout en chantant et psalmodiant des runes pour négocier sans encombre ce passage. Les dragons de proue, qui donnent leur nom à ces bateaux, ont la gueule ouverte. Sur chaque drakkar, une rangée de boucliers est suspendue aux bastingages. C'est un moyen pour loger ces objets encombrants, tout en protégeant les personnes à bord. Trois runes apparaissent sur cette carte.

À L'ENDROIT: achèvement, un bel héritage, abondance, revenu stable, une manifestation physique.

À L'ENVERS: prospérité tarie, fondations instables, manque, difficultés pour vous en sortir, sauvez ce que vous pouvez.

RUNE LIÉE: vous êtes béni des dieux.

VALET DE BOUCLIERS

Un jeune Viking se tient debout, de profil. Ses cheveux mi-longs sont nattés. Il tient son bouclier d'une main négligente, plus attentif à ce qui se passe autour de lui qu'à cette protection. Le bracelet d'or qui encercle le haut de son bras indique qu'il n'est pas encore apte au combat. Il est vêtu d'une tunique verte et chaussé de bottes qui s'enfoncent dans l'herbe. De hautes montagnes rocheuses se dressent dans le lointain. Une rune liée apparaît à ses pieds.

À L'ENDROIT : vigilance, défendez vos idéaux, sérénité, soyez attentif aux détails, rester en vie est primordial.

À L'ENVERS : sentiment de dispersion, inventoriez vos actions, tenez votre imagination en bride, mouvements rapides.

RUNE LIÉE : apprendre mène à la réussite.

CAVALIER DE BOUCLIERS

Un guerrier viking est monté sur un puissant cheval noir. Il porte une armure sombre et ses cheveux, soigneusement tirés en arrière, dégagent son visage. Il tient les rênes d'une main et de l'autre un bouclier bien ciré. Le cavalier s'est arrêté dans une vallée, il semble chercher la route à suivre. Une rune liée est visible dans le coin gauche, près des pattes du cheval.

À L'ENDROIT: de la prudence, arrêtez-vous et profitez du voyage, organisez d'abord la sécurité, ayez de la patience, soyez présent.

À L'ENVERS: déplacements de routine, motivation forte, précipitation dans l'action, manque d'assurance.

RUNE LIÉE: savourez le bonheur de faire ce qui vous plaît.

REINE DE BOUCLIERS

Une Viking de haut rang est assise sur un trône sculpté. Ses mains reposent sur les accoudoirs, un geste qui exprime son ouverture. Elle porte une longue robe verte et le fermoir de sa pelisse de fourrure est orné de perles multicolores. Sa couronne est faite d'or jaune et rouge. Des serpents sont entrelacés sur les montants du trône. Elle est entourée de vertes frondaisons chargées d'oranges et de raisins. Le bouclier, sur lequel brille la rune liée, est posé à ses pieds.

À L'ENDROIT: prenez soin de vous, altruisme, mentalité de soignant, quelqu'un sur qui vous pouvez compter.

À L'ENVERS: indifférence à tout, revers de situation, maladie, manque d'énergie, débarrassez et nettoyez.

RUNE LIÉE : cherchez quelqu'un à qui vous pouvez faire confiance.

ROI DE BOUCLIERS

Le Roi de Boucliers siège sur un trône imposant. Il porte de somptueux vêtements royaux et des bottes de cavalier. Une chaude cape de fourrure couvre ses épaules. Trois anneaux brillent à sa main droite. Dans sa main gauche, il tient un bouclier marqué par les combats. Une couronne de bronze est posée sur sa tête. Le Roi de Boucliers trône dans une vallée ; de hautes montagnes aux pics déchiquetés se dressent derrière lui. Le sol est aride. Une rune liée brille près de sa jambe.

À L'ENDROIT : respectez vos besoins physiques, réfléchissez à vos actions, construisez des fondations stables et solides, prenez des décisions prudentes.

À L'ENVERS: avidité, personnalité dominatrice, esprit critique, impatience, entêtement.

RUNE LIÉE: ralentissez et cherchez à comprendre ce qui se passe autour de vous.

SUITE DES BÂTONS

AS DE BÂTONS

Un bâton est planté dans le sol. Plusieurs amulettes sont suspendues à une barre horizontale, trois à droite et quatre à gauche. Le mât est couronné d'un crâne de bélier et une bande d'étoffe est enroulée à sa base. Le feu fait rage à l'arrière-plan. Les flammes montent haut dans les airs. La terre devant le mât paraît brûlée. Quatre runes ont été magiquement inscrites dans le bois.

À L'ENDROIT : un sursaut d'énergie, invention, un début de passion, une idée nouvelle, vision créative.

À L'ENVERS : blocage, canalisez l'enthousiasme, sentiment d'épuisement, manque d'allant.

RUNE LIÉE : soyez conscient de vos passions créatives.

DEUX DE BÂTONS

Un personnage encapuchonné regarde un parchemin sur une table. Ses yeux sont bandés, un puissant courant d'énergie magique jaillit de sa main droite. Il tient un bâton et un collier dans l'autre main. Des sigils décorent sa cape et une bourse en cuir est attachée à la ceinture tressée qui ferme son vêtement. L'homme se trouve dans une pièce lambrissée. Un mortier et un pilon sont posés sur la table. Deux runes brillent d'un éclat vif sur le parchemin.

À L'ENDROIT : expérimentation, établissez un plan, testez de futures possibilités, réfléchissez à de nouvelles connexions.

À L'ENVERS : étroitesse d'esprit, donnez une direction à votre vie, coup de force, votre vie ne correspond pas à vos attentes.

RUNE LIÉE : l'inspiration est partout autour de vous.

TROIS DE BÂTONS

Trois personnages sont debout au bord de l'eau. Ils regardent un drakkar s'éloigner vers le large. On aperçoit les rameurs à la manœuvre sur le navire-dragon. Les trois hommes ont rabattu le capuchon de leur cape. Deux sont de dos, le troisième, de profil, ne semble pas regarder la longue barque. Le soleil se lève, accompagnant le drakkar dans sa course. Une seule rune apparaît juste au-dessus du premier personnage à gauche.

À L'ENDROIT : créez une dynamique, montez des partenariats fructueux, explorez le monde qui vous entoure, ayez une vision globale.

À L'ENVERS : gérez les attentes, clarifiez les intentions, relations inconnues, attendez le bon moment, stimulez le désir.

RUNE LIÉE : respectez vos plans et restez concentré.

QUATRE DE BÂTONS

Deux amoureux s'enlacent sous les arbres. L'homme a de longs cheveux bruns tirés en queue-de-cheval et une barbe. Il porte un pagne blanc noué autour de la taille. Ses yeux sont fermés, un rayon de soleil éclaire son visage. Les longs cheveux de la femme sont roux, et elle est vêtue d'une grande robe. Elle regarde son partenaire en souriant. Ils sont au centre d'un carré délimité par quatre bâtons. Sur le premier, à gauche, une tête d'Odin sculptée est suspendue à mi-hauteur ; sur celui de droite, on voit une tête de Freya. Une rune brille au pied des amants.

À L'ENDROIT : célébration, acceptez de l'aide quand il le faut, construisez des fondations solides, appréciez la situation, sentiment de plénitude.

À L'ENVERS : sentiment d'abandon, fondations instables, comptez sur votre valeur, guettez les opportunités.

RUNE LIÉE : faites aboutir l'idée que vous avez en tête.

CINQ DE BÂTONS

Une femme est attachée à un poteau avec des liens de cuir. Sa bouche est grande ouverte, elle hurle des malédictions vers quatre individus hors du cadre, porteurs de torches enflammées. Ses vêtements sont sales, à son cou, un pendentif avec le symbole du marteau de Thor. Le feu va être mis aux bûches qui sont entassées à ses pieds. Une foule est rassemblée devant de grandes maisons, à l'arrière-plan. Personne ne semble disposé à aider la femme. Une seule rune apparaît au-dessus de sa tête.

À L'ENDROIT : croyances limitantes, conflit, incapacité à faire confiance, incompatibilité d'idées, dispute.

À L'ENVERS : burn-out imminent, élevez-vous au-dessus des disputes mesquines, cherchez la paix, reconnaissez vos erreurs, élargissez votre perspective.

RUNE LIÉE : arrêtez-vous et reposez-vous quand vous vous sentez à bout.

SIX DE BÂTONS

Un guerrier brandit une bannière au bout d'une hampe. Le vent agite le fanion blanc et noir. L'homme porte une armure en cuir épais, une crête de cheveux roux couronne son crâne rasé. Il est dans un ravin qu'entourent de hautes parois rocheuses. Une grande pierre se dresse près du guerrier. On y devine, sculptée, la tête d'un Thor casqué. Six personnages apparaissent en haut des falaises. Certains portent des capes et agitent des bâtons, tous poussent des acclamations. Une rune liée brille au-dessus de la bannière en lambeaux.

À L'ENDROIT : vous avez réussi, on reconnaît votre travail, persévérance malgré les difficultés, un moment de répit, acceptez les honneurs.

À L'ENVERS : concentration sur le travail, réévaluez vos désirs, interrogez votre conception de la réussite, restez à l'écart, sachez voir le bien en vous.

RUNE LIÉE : faites le dos rond et profitez du présent.

SEPT DE BÂTONS

Un Viking solitaire se tient au bord d'un promontoire rocheux. Il lève les bras en déployant les longues manches de sa robe. L'homme tient un bâton dans la main droite, on aperçoit une épée pendue à sa ceinture. Il semble défier l'orage qui se déchaîne autour de lui. Des éclairs zèbrent le ciel et une pluie torrentielle s'abat tout autour. En bas, des mains invisibles et vindicatives agitent six longs bâtons terminés par des croix. Deux personnages apparaissent dans le coin gauche de la carte. Ils portent des vêtements rouges qui rappellent des tenues religieuses. Une seule rune brille au-dessus du Viking sur la falaise.

À L'ENDROIT : préservez vos idéaux, adoptez une position défensive, demandez de l'aide, un risque à prendre, vous remportez la partie.

À L'ENVERS : réévaluez vos conditions, détendez-vous, évitez la confrontation.

RUNE LIÉE : évitez les distractions et concentrez-vous sur la tâche à accomplir.

HUIT DE BÂTONS

Un Viking âgé lève les yeux de son livre. Il porte une cape de voyage sur sa tunique. Du khôl noircit le haut de son visage et des traînées descendent jusqu'à sa barbe, qui est séparée en petites mèches ornées de perles de métal. À son cou, pend un lourd collier composé d'amulettes vikings, runes, marteau de Thor et triple corne d'Odin. Huit bâtons rayonnant autour d'un centre apparaissent dans le ciel, au second plan. Un arc-en-ciel se dessine au-dessus du vieillard. Deux runes brillent sur les pages du livre.

À L'ENDROIT: agissez avec courage, exploitez votre pouvoir, passez à l'action, c'est le moment de poser des intentions, le changement arrive.

À L'ENVERS: la voie est bloquée, avancez lentement, attendez un meilleur moment, éliminez ce qui vous limite.

RUNE LIÉE : continuez d'avancer. Vous y êtes presque.

NEUF DE BÂTONS

Un Viking âgé se tient devant une représentation du filet de Skuld. Ses longs cheveux gris se confondent avec le gris de sa robe. Il a fermé les yeux, pour méditer ou par respect. Ce filet de Skud est formé de neuf bâtons. L'image apparaît au fond d'un bois où les frondaisons des grands arbres arrêtent la lumière. Les troncs sont couverts de mousse. On ne sait trop si le vieil homme est venu volontairement ou s'il se trouve là par hasard.

À L'ENDROIT : respect de la vie, reconnaissance de l'effort, n'abandonnez pas, allégez-vous, évacuez le stress.

À L'ENVERS : action inefficace, respirez, gardez votre énergie, renoncez, on teste votre détermination.

RUNE LIÉE : des aides vous montrent le bout du chemin.

DIX DE BÂTONS

Odin apparaît encore. Cette fois, sous sa forme de magicien démiurge. Il tient dans une main son bâton dont l'écorce se ramifie en entrelacs ligneux au sommet. Sur sa ceinture brille la corne d'Odin, sceau chargé de pouvoir. Il tend les doigts de son autre main vers les racines d'Yggdrasil. Des flux d'énergie violette en jaillissent insufflant la vie à neuf royaumes. Nous assistons à la création de la cosmologie nordique. Ces royaumes sont Asgard, Alfeim, Vanaheim, Niðavelir, Midgard, Jötunheimr, Niflheim, Muspelheim et Hel. Les corbeaux Hugin et Munin, compagnons d'Odin, volent autour, attentifs à ce qui se passe en dessous.

À L'ENDROIT: lâchez prise, concentrez-vous sur autre chose, un travail bien fait, être conscient de ce qu'on a créé.

À L'ENVERS: incapacité à voir le potentiel, lutte, abandon, laissez tout tomber, oppression.

RUNE LIÉE: vos actions sur terre affectent votre vie dans l'au-delà.

VALET DE BÂTONS

Un jeune garçon aux cheveux roux brandit son bâton. Il apprend à le manipuler, campé sur ses jambes dans une posture un peu théâtrale. Il porte un pantalon large et sa tunique virevolte autour de lui au gré de ses mouvements. La concentration se lit sur son visage. Le soleil est haut dans le ciel. De hautes montagnes rocheuses se dressent au loin. Une haie de tournesols borde le terrain où s'exerce le jeune homme. Une rune liée apparaît à ses pieds.

À L'ENDROIT: désir d'apprendre, curiosité, fort potentiel, prise de risques inutiles.

À L'ENVERS: immaturité, dispersion, irresponsabilité, incapacité à affronter des épreuves, entêtement.

RUNE LIÉE: engagez-vous pleinement dans une activité que vous aimez.

CAVALIER DE BÂTONS

Un Viking apparaît, monté sur un cheval. Il porte une cotte matelassée à haut col de fourrure. Une cape rouge à damiers flotte derrière lui. Il tient fermement les rênes dans une main et un bâton dans l'autre. Le cheval bondit, la bouche grande ouverte. La lande est en feu et les flammes menacent d'engloutir cavalier et monture. Un paysage poussiéreux se dessine à l'arrière-plan, la fumée envahit le ciel au point d'obscurcir le soleil. Une rune liée brille près du sabot droit du cheval.

À L'ENDROIT : pas d'hésitation, envie de gagner, foncez, témérité, goût de l'aventure, adaptabilité.

À L'ENVERS : ralentissez, prenez soin de vous, immaturité, impatience et insatisfaction, vous tournez en rond.

RUNE LIÉE : à utiliser pour donner de l'allant et faire usage de vos dons.

REINE DE BÂTONS

Une femme, vêtue d'une robe rouge, apparaît au milieu des flammes. Elle a une longue chevelure rousse et un diadème sur le front. Des perles dansent au bout de ses cheveux et elle porte plusieurs colliers en sautoir. Une bourse et d'autres objets pendent à sa ceinture. Elle écarte sa chevelure de la main droite, et de la gauche tient son bâton. Un sourire entendu erre sur ses lèvres. Le soleil brille au-dessus des nuages. Une rune liée apparaît aux pieds de la reine.

À L'ENDROIT : vie passionnée, exprimez votre pouvoir, suivez votre flair, donnez-vous des limites précises, comprenez vos motivations.

À L'ENVERS : méfiance, jalousie, personnalité excessive, porter des masques qui ne vous vont pas, éloignez-vous des feux de la rampe.

RUNE LIÉE : éprouvez de la joie à prendre votre destinée en main.

ROI DE BÂTONS

Un chef fier et déterminé s'avance. De hautes flammes dansent autour de lui. Il a des cheveux roux et porte une couronne d'or hérissée de pointes. Une longue cape rouge se gonfle derrière lui, soulevée par la chaleur du brasier. Il serre le bâton dans une main. La paume de son autre main est en feu. Des brassards en métal protègent ses avant-bras. Il est vêtu d'un épais justaucorps fourré, et un collier de médailles pend sur sa poitrine. Une large boucle figurant l'arbre du monde orne sa ceinture. Il porte des jambières et des genouillères en métal. Un soleil implacable brille au-dessus de sa tête. Une rune liée apparaît dans le coin gauche de la carte.

À L'ENDROIT : défendez vos convictions, ayez confiance dans votre autorité, appliquez vos connaissances, soyez vraiment vous, brûlez d'un juste feu.

À L'ENVERS : doutez de vos plans, sentiment de stagnation, contrôlez votre colère, personnalité insouciante, tête brûlée.

RUNE LIÉE : soyez maître de vos talents.

SUITE DES ÉPÉES

AS D'ÉPÉES

Une épée est suspendue dans les airs. Une amulette représentant le marteau de Thor est attachée à son pommeau. Des nuages aux formes étranges emplissent le ciel. Une feuille de chêne, verte et solitaire, flotte au vent. Cinq runes ont été magiquement inscrites sur la lame.

À L'ENDROIT : vérité, éveil, une idée neuve, démarrez un projet, étincelle de départ.

À L'ENVERS : hésitation, idées grandioses, incapacité à concrétiser un projet, confusion, doute.

RUNE LIÉE : aide à vous protéger et renforce vos capacités.

DEUX D'ÉPÉES

Une autre *seiðkona* est assise dans un bois. Il fait sombre et le sol est couvert de neige. La *seiðkona* est nue, mais sa position la protège. Elle tient une épée dans chaque main. Ses bras sont étroitement croisés sur sa poitrine. Une peau de loup couvre sa tête et son dos. Du khôl rouge est étalé sur son visage. La *seiðkona* ne bouge pas ; elle reste assise dans la glace et la neige. Elle porte un collier en bronze où luit une rune. Derrière elle, on voit deux arbres auxquels deux hommes sont suspendus, tête en bas. Ils paraissent bien vêtus, une rune brille sous leur tête.

À L'ENDROIT : écoutez vos guides, faites un choix, défendez votre position, protection, restez inébranlable.

À L'ENVERS : fatigue, incapacité à prendre des décisions nettes, ergoter, prenez le temps de faire le bon choix.

RUNE LIÉE : à invoquer quand vous avez besoin d'espace pour réfléchir à une situation.

TROIS D'ÉPÉES

Deux guerriers sont au milieu d'un champ de bataille calciné. Le vainqueur se dresse de tout son haut. Il brandit une hache d'une main et tient un bouclier dans l'autre. Il s'apprête à infliger le coup de grâce au chevalier agenouillé à ses pieds. Ce dernier porte une cotte de mailles, mais trois épées le transpercent et son sang ruisselle jusqu'au sol. Il s'appuie sur une lance ornée d'un pennon rouge en lambeaux. Tous les arbres ont brûlé, leurs squelettes noircis se dressent sans vie. Le chevalier mourant pointe le doigt vers la rune rougeoyante devant lui.

À L'ENDROIT : soulagement émotionnel, douleur physique, trahison, rejet par les pairs, questionner ses choix.

À L'ENVERS: oubliez le passé, soignez votre esprit, accrochez-vous, surmontez la douleur physique pour guérir, des jours meilleurs arrivent.

RUNE LIÉE: comprenez les cycles qui apparaissent dans votre vie.

QUATRE D'ÉPÉES

Quatre Vikings se tiennent sur un rivage. Ils regardent une longue barque qui brûle sur l'eau. Chacun a une épée sur le côté, ils portent une armure légère et leurs cheveux sont nattés ou rasés. Le drakkar se consume lentement sur la mer. Des collines basses et des montagnes enneigées barrent l'horizon. Des nuages sombres envahissent le ciel. Une seule rune est suspendue au-dessus du bateau.

À L'ENDROIT : contemplation, repos, se préparer à une prochaine action, soignez votre esprit, soyez plus lucide.

À L'ENVERS : pensées rapides, hésitation, précipitation dans l'action, difficultés pour se reposer.

RUNE LIÉE : aide à la création de projets.

CINQ D'ÉPÉES

Un vieux guerrier anglo-saxon s'éloigne d'un bâtiment en feu. Il porte une lourde cuirasse en cuir. Quatre épées sont accrochées dans son dos et il en tient une autre sous son bras. Il écoute les cris provenant du village viking. Les habitants s'agitent pour éteindre les flammes. Près de lui, on distingue les ruines fumantes d'une autre construction. Des nuées d'orage se rassemblent dans le ciel. Une rune brille au-dessus de l'incendie.

À L'ENDROIT: victoire vaine, combat inégal, un passé qui ne passe pas, hostilité d'autrui, soyez prêt à vous battre.

À L'ENVERS: déconvenue, une dure leçon est apprise, sortez des vieux schémas de pensée, évitez les situations difficiles.

RUNE LIÉE: surmontez des souvenirs ou un passé qui vous pèse.

SIX D'ÉPÉES

Un marin viking navigue sur un fleuve, en quête de nouvelles terres. Il pilote seul une grande barque. L'homme a planté six épées à la proue de son vaisseau. Chacune représente une qualité ou un don différent. L'eau paraît calme, le soleil qui se lève derrière les collines se reflète sur les flots. Le voyage s'annonce paisible et sans encombre – aucune menace ne plane à l'horizon. Le Viking peut donc contempler ce qui l'entoure, tout en avançant. Une rune brille sur la lame de chacune des six épées.

À L'ENDROIT : voyages agréables, passage vers un plan supérieur, le voyage est important, laissez partir le passé.

À L'ENVERS : immobilisme, incertitude, anxiété, charge mentale, un rude voyage.

RUNE LIÉE : un déplacement nécessaire insuffle en vous une belle énergie créative et de la joie.

SEPT D'ÉPÉES

Un Viking se dissimule derrière une effigie d'Odin en pierre. Il a trois épées. Deux dans son dos et une troisième qu'il tire de son fourreau. L'homme porte une armure noire. La statue lui procure une cachette parfaite. Deux chevaliers anglo-saxons marchent sur un chemin en contrebas. Ils portent aussi une armure et de nombreuses épées. L'un a une cotte de mailles, l'autre est vêtu de cuir. Ils ne se doutent pas de la présence du Viking et marchent tranquillement sur la route en discutant. Trois runes apparaissent sur la carte, une sur l'un des soldats et deux près du Viking.

À L'ENDROIT: agissez avec intégrité, tromperie, faire le premier pas, trahison, traiter avec l'ennemi.

À L'ENVERS: concentration, soyez sincère, sachez quand on vous ment, soyez honnête, considérez la situation avec du recul.

RUNE LIÉE: désir féroce d'imposer silence à vos opposants.

HUIT D'ÉPÉES

Les lames étincelantes de sept épées sont pointées vers un Viking qui a mis un genou à terre. Il est épuisé, du sang coule de nombreuses blessures sur son corps ; pourtant, il semble résolu et se prépare pour un second round. Il ferme les yeux, il est en communion avec ses dieux. Le guerrier s'appuie sur son épée où brille une seule rune, une autre apparaît au-dessus de sa tête.

À L'ENDROIT : sentiment d'être piégé, puisez dans vos réserves d'énergie, utilisez tout votre savoir, la mobilité est réduite, isolement.

À L'ENVERS : élimination des obstacles, dégagez la route, agissez librement, combattez les résistances, allez de l'avant.

RUNE LIÉE : puisez dans vos réserves d'énergie pour éliminer les blocages auxquels vous êtes confronté.

NEUF D'ÉPÉES

Un Viking est agenouillé au bord du champ de bataille. Il porte une cuirasse large et une cape en fourrure. Le sang ruisselle de toutes parts sur le sol. Sept épées sont plantées dans son corps. Le guerrier est mourant ou déjà mort. Deux autres épées sont fichées dans la boue. La neige des sommets tourbillonne et s'accumule autour du Viking. Cinq runes apparaissent sur la terre.

À L'ENDROIT : cauchemars horribles, peur et illusions, céder au désespoir, sentiment d'être acculé.

À L'ENVERS : soulagement, la situation se dénoue, fin des cauchemars, cultivez les pensées positives, la tension se relâche.

RUNE LIÉE : décrit ce qui se passe dans notre tête quand les épreuves font place au succès.

DIX D'ÉPÉES

De nombreuses épées sont fichées dans le sol, pourtant la scène ne donne pas l'impression d'une bataille récente. Quelques armes portent des traces de rouille, mais dans l'ensemble, elles paraissent en bon état. L'endroit évoque plus un cimetière qu'un champ de bataille. Un arbre dénudé étend ses branches tourmentées au-dessus des armes. Le ciel s'assombrit, annonçant la nuit. Plusieurs épées sont plantées autour d'une stèle en pierre. Six runes apparaissent dans ce paysage.

À L'ENDROIT: lâcher prise, la mort nous rassemble tous, abandonner, une fin naturelle, renonciation.

À L'ENVERS: continuez le combat, tout n'est pas fini, ne vous laissez pas aller, recollez les morceaux, accrochez-vous à ce que vous connaissez.

RUNE LIÉE : combinées, elles montrent les peurs et les espoirs qui nous relient et nous séparent en tant qu'humains.

VALET D'ÉPÉES

Une jeune fille se tient fièrement appuyée à son épée. L'arme, qu'elle tient fermement, pointe fichée dans le sol, est presque aussi grande qu'elle. Son autre main est posée sur sa hanche. Elle porte une tunique large, sans manches. Ses cheveux sont rejetés sur le côté. Tout dans sa posture montre qu'elle ne maîtrise pas vraiment l'usage de cette arme. Elle a encore un long chemin à parcourir avant de pouvoir se servir pleinement de cette puissante lame. Le ciel est calme, un haut plateau se profile dans le lointain. Une rune liée brille au pied de la jeune fille.

À L'ENDROIT : curiosité, désobéissance, savoir ce qu'on veut, apprendre une nouvelle approche, état d'esprit de débutant.

À L'ENVERS: prudence, ambiguïté, causticité, difficulté de compréhension, se sentir freiné.

RUNE LIÉE: se consacrer à une grande cause est source de joie.

CAVALIER D'ÉPÉES

Un cavalier excite son cheval. Il porte une solide cuirasse. Il tient les rênes d'une main et brandit son épée de l'autre, prêt à s'attaquer à tout ce qui barre sa route. Son lourd casque en métal est muni d'une visière couvrant le haut du visage, ce qui protège les yeux des débris et du vent, car le cavalier et sa monture bougent vite. Le cheval est aussi équipé d'une armure. Cabré, le coursier obéit à la main du chevalier et bondit vers l'avant. Ce mouvement brusque emplit l'air de poussière et soulève la cape blanche du cavalier. Une rune liée apparaît entre les sabots avant du cheval.

À L'ENDROIT: préparez un plan d'action, agissez maintenant, un sursaut d'énergie créative, réfléchissez avant d'agir.

À L'ENVERS: impatience, perte de contrôle, attendez de plus amples informations, ralentissez, surveillez vos pensées.

RUNE LIÉE: dégage la voie et vous rappelle que vous faites les bons choix.

REINE D'ÉPÉES

La reine se tient en haut d'une colline. Ses longs cheveux flottent au vent. Elle porte une couronne qui semble faite d'éclats tranchants de glace.

Elle est vêtue d'une robe claire aux épaules ornées de fourrure. Sa cape bleue tourbillonne dans le vent. Elle tient dans une main une épée d'argent pointée vers le ciel. Son autre main est tendue, comme pour appeler quelqu'un. Une corne à boire est attachée à sa ceinture, ainsi que plusieurs poches. Un aigle tournoie dans le ciel. Une rune liée apparaît dans le coin gauche de la carte.

À L'ENDROIT : protégez votre cœur, habileté et vivacité d'esprit, comprendre la logique d'une situation, franchise.

À L'ENVERS : fantasmes, rêveries, manque d'objectivité, vous êtes perdu dans vos pensées, émotionnellement absent et indifférent.

RUNE LIÉE : vous aide à trouver des idées et à suivre celles qui vous conduiront à mieux réussir dans votre vie.

ROI D'ÉPÉES

Un guerrier viking est debout au bord d'un promontoire rocheux. Il tient une grande épée à deux mains, tout contre son plastron en cuir. Son casque en métal est orné d'ailes de chaque côté. Le vent soulève sa cape blanche retenue par des épaulières en fourrure, une autre épée pend à sa ceinture. Le roi est prêt à protéger et servir. Deux aigles volent haut au-dessus des nuages. Une rune liée apparaît à côté de son genou droit.

À L'ENDROIT : autorité confortée, commandement ferme, présence imposante, prise de position, coupez court aux illusions.

À L'ENVERS : manque de sympathie, absence d'écoute, ne pas prendre position, abus de pouvoir, jugements expéditifs.

RUNE LIÉE : trouver de nouvelles idées et les partager avec sa communauté et le reste du monde.

ARCANES	DIEUX	RUNES
0. Le Fou	Freyr	Jêra
I. Le Magicien	Heimdall	Mannaz
II. La Grande Prêtresse	Audhumbla	Uruz
III. L'Impératrice	Frigg	Berkanô
IV. L'Empereur	Thor	Thurisaz
V. L'Hiérophante	Forseti	Raidhô
VI. Les Amoureux	Bragi, Iðunn	Gêbô, Ehwaz
VII. Le Chariot	Freya	Kênaz
VIII. La Force	Thrud	Wunjô
IX. L'Ermite	Mímir	Îsa
X. La Roue de Fortune	Nornes : Urd, Verthandi, Skuld	Perthrô

XI. La Justice	Tyr	Tîwaz
XII. Le Pendu	Ullr	Eihwaz
XIII. La Mort	Odin	Ansuz
XIV. La Tempérance	Sif	Dagaz
XV. Le Diable	Loki	Naudiz
XVI. La Tour	Fáfnir	Fehu
XVII. L'Étoile	Jörmungandr, Njörd	Laguz
XVIII. La Lune	Balderus, Hotherus, Máni	Elhaz, Othila
XIX. Le Soleil	Sól	Sowilô
XX. Le Jugement	Valkyrie	Ingwaz
XXI. Le Monde	Ymir	Hagalaz

1.
FEHU

2.
URUZ

3.
THURISAZ

4.
ANSUZ

5.
RAIDHÔ

6.
KÊNAZ

7.
GÊBÔ

8.
WUNJÔ

9.
HAGALAZ

10.
NAUDIZ

11.
ÎSA

12.
JÊRA

13.
EIHWAZ

14.
PERTHRÔ

15.
ELHAZ

16.
SOWILÔ

17.
TÎWAZ

18.
BERKANÔ

19.
EHWAZ

20.
MANNAZ

21.
LAGUZ

22.
INGWAZ

23.
DAGAZ

24.
OTHILA

NOTES PERSONNELLES

NOTES PERSONNELLES

NOTES PERSONNELLES

NOTES PERSONNELLES